Bibliografische Information der Deutschen Nationalbibliothek:

Die Deutsche Bibliothek verzeichnet diese Publikation in der Deutschen National-
bibliografie; detaillierte bibliografische Daten sind im Internet über http://dnb.d-
nb.de/ abrufbar.

Impressum:

Copyright © 2016 GRIN Verlag
Druck und Bindung: Books on Demand GmbH, Norderstedt Germany
ISBN: 9783346185280

Dieses Buch bei GRIN:

https://www.grin.com/document/900503

Jonas Benedikt Böhme

Aus der Reihe: e-fellows.net stipendiaten-wissen

e-fellows.net (Hrsg.)

Band 3452

Der vertragsgemäße Zustand eines zeitvercharterten Schiffes im Zeitpunkt der Bereitstellung

GRIN Verlag

GRIN - Your knowledge has value

Der GRIN Verlag publiziert seit 1998 wissenschaftliche Arbeiten von Studenten, Hochschullehrern und anderen Akademikern als eBook und gedrucktes Buch. Die Verlagswebsite www.grin.com ist die ideale Plattform zur Veröffentlichung von Hausarbeiten, Abschlussarbeiten, wissenschaftlichen Aufsätzen, Dissertationen und Fachbüchern.

Besuchen Sie uns im Internet:

http://www.grin.com/

http://www.facebook.com/grincom

http://www.twitter.com/grin_com

Jonas Benedikt Böhme

Universität Hamburg
Fakultät für Rechtswissenschaft

Der vertragsgemäße Zustand eines zeitvercharterten Schiffes im Zeitpunkt der Bereitstellung („State of the Ship on Delivery")

Seminar „Aktuelle Fragen des internationalen Seehandelsrechts, insb. des Rechts der Charterverträge"

Wintersemester 2015/16

Literaturverzeichnis

Athanassopoulou, Victoria	Schiffsunternehmen und Schiffsüberlassungsverträge, Tübingen 2005
Baatz, Yvonne (et al.)	Maritime Law, 3rd edition, Milton 2014 (zit. Maritime Law)
Baughen, Simon	Shipping Law, 6th edition, Milton 2015 (zit. Shipping Law)
Breitzke, Constantin	Die Rechtsnatur der Zeitcharter - dargestellt am Standardformular der Boxtime-Charter, Münster 2005
Coghlin, Terence **Baker**, Andrew W. **Kenny**, Julian **Kimball**, John D. **Belknap**, Thomas H.	Time Charters, 7th edition, Milton & New York 2014 (zit. Time Charters)
Colinvaux, Raoul	Carver's Carriage by Sea, Vol. 1, 13th edition, London 1982 (zit. Carver's Carriage by Sea)
Czerwenka, Beate	Das Gesetz zur Reform des Seehandelsrechts
Eder, Sir Bernard **Bennett**, Howard **Berry**, Steven **Foxton**, David **Smith**, Christopher F.	Scrutton on Charterparties and Bills of Lading, 22nd edition, London 2011 (zit. Scrutton)
Girvin, Stephen	Carriage of Goods by Sea, Oxford 2007 (zit. Girvin, Carriage of Goods by Sea)

Hendrikse, M. L. **Margetson**, N. H. **Margetson**, N. J.	Aspects of Maritime Law – Claims under Bills of Lading, Alphen aan den Rijn 2008 (zit. Aspects of Maritime Law – *Bearbeiter*)
Herber, Rolf	Seehandelsrecht – Systematische Darstellung, 2. Auflage, Berlin 2016 (zit. Herber)
Liang, Cheng	Seaworthiness in charter parties, J.B.L (Journal of Business Law) 2000, Jan, 1-35
Oetker, Hartmut	Kommentar zum Handelsgesetzbuch (HGB), 4. Auflage, München 2015 (zit. Oetker HGB – *Bearbeiter*)
Rabe, Dieter	Der Zeitchartervertrag nach dem Entwurf der Sachverständigengruppe zur Reform des Seehandelsrechts, TranspR 2010, 1
Ramming, Klaus	Ausgewählte Fragen zum neuen Recht der Zeitcharter, RdTW 2013, 333
Schmidt, Karsten	Münchener Kommentar zum Handelsgesetzbuch (HGB), Band 7: §§ 407-619 Transportrecht, 3. Auflage München 2014 (zit. MüKoHGB – *Bearbeiter*)
Stahl, Ulrich	Die Zeitcharter nach englischem Recht, Kehl am Rhein [u.a.] 1989
Treitel, Sir Guenter **Reynolds**, F. M. B.	Carver on Bills of Lading, 2nd edition, London 2005 (zit. Carver on Bills of Lading)
Willner, Horst	Die Zeitcharter: Vertrag und Rechtsstellung der Vertragsparteien, dargestellt auf der Grundlage der Baltime-Charter, Hamburg 1953

Wilson, John F.	Carriage of goods by sea,
	5th edition, Harlow 2004
	(zit. Wilson, Carriage of Goods by sea)

Auflistung zitierter Urteile

"Maori King" v. Hughes	[1895] 2 Q.B. 550
"The Antclizo" (No. 2)	[1991] 2 Lloyd's Rep. 485
"The Aquacharm"	[1982] 1 Lloyd's Rep. 7
"The Arianna"	[1987] 2 Lloyd's Rep. 376
"The Derby"	[1985] 1 Lloyd's Rep. 635
	[1985] 2 Lloyd's Rep. 325 (C.A.)
"The Fjord Wind"	[2000] 2 Lloyd's Rep. 191
"The Happy Ranger"	[2006] EWHC 122,
	[2006] 1 Lloyd's Rep. 649
"The Madeleine"	[1967] 2 Lloyd's Rep. 224
"The Muncaster Castle"	[1961] 1 Lloyd's Rep 57
"The Niizuru"	[1996] 2 Lloyd's Rep. 66
"The Tres Flores"	[1973] 2 Lloyd's Rep. 247 (C.A.)
„The Hongkong Fir"	[1961] 1 Lloyd's Rep. 159
	[1961] 2 Lloyd's Rep. 478 (C.A.)
Chellew Navigation v. Appelquist	(1933) 45 Ll. L. Rep. 190
Groves, Maclean v. Volkart	(1884) C. & E. 309
London Arbitration 18/14	(2014) 910 LMLN 1
M.D.C., Ltd. v. N.V. Zeevaart Maatschappij	[1962] 1 Lloyd's Rep. 180
McFadden v. Blue Star Line	[1905] 1 K.B. 697
N.Y. & Cuba Mail Steamship v. Eriksen & Christensen	(1922) 27 Com. Cas. 330
Petrofina v. Compagnia Italiana	(1937) 57 Ll. L. Rep. 24
Smith, Hogg v. Black Sea and Baltic General Insurance	[1940] A.C. 9
Snia v. Suzuki	(1924) 18 Ll .L .Rep. 333
Union of India v. N.V. Reederij Amsterdam	[1963] 2 Lloyd's Rep. 223

Gesetzesmaterialien

Gesetzentwurf der Bundesregierung (RegE):
Entwurf eines Gesetzes zur Reform des Seehandelsrechts, Drucksache 17/10309 (2012)
abrufbar unter: http://dip21.bundestag.de/dip21/btd/17/103/1710309.pdf

Gliederungsverzeichnis

Bearbeitung

A. Grundsätze der Zeitcharter

Im Rahmen eines Zeitchartervertrages verpflichtet sich der Vercharterer dem (Zeit-) Charterer ein Seeschiff mit Besatzung auf Zeit zu dessen wirtschaftlicher Verwendung zu überlassen. Die vom Vercharterer zur Verfügung gestellte Besatzung unterliegt grundsätzlich dessen technischen und nautischen Weisungen; ihn trifft die Verantwortlichkeit für die Führung und die sonstige Bedienung des Schiffes (vgl. § 561 II HGB, ähnlich z.B. Kl. 26 des NYPE 2015 Standardformulars). Über den Einsatz des Schiffes im wirtschaftlichen Sinne, mithin also die durchzuführenden Reisen, anzulaufenden Häfen und zu befördernden Güter, bestimmt hingegen der Charterer (§ 561 I 1 HGB, Klausel 8 NYPE 2015).[1] Das Bereitstellen des Schiffes zur vereinbarten Zeit am vereinbarten Ort in einem zum vertragsgemäßen Gebrauch geeigneten Zustand (§ 559 I HGB, Kl. 2 NYPE 2015) stellt eine der wichtigsten vertraglichen Pflichten des Vercharterers dar.[2] Diese Seminararbeit befasst im Besonderen mit den Einzelheiten und der Konkretisierung des vertragsgemäßen Zustands.

B. Der Einfluss des englischen Rechts

Der Zeitchartervertrag entstammt ursprünglich dem englischen Recht, wie exemplarisch die bereits 1886 herausgegebene Publikation „Scrutton on Charterparties and Bills of Lading" nahelegt. Auch das im Bereich der Zeitcharterverträge wohl bedeutsamste Werk von Wilford & Coughlin (Time Charters) bezieht sich auf die englische Rechtspraxis, deren Bedeutung nicht zuletzt auch durch die Verwendung von Standardformularen in englischer Sprache[3] bei nahezu allen Vertragsabschlüssen im Bereich der Zeitcharterverträge zum Ausdruck kommt.[4] Dementsprechend ist das Recht der Zeitcharter besonders durch das englische Common Law geprägt. Im englischen Sprachgebrauch wird der Zeitvercharterer in der Regel als „owner" (Eigentümer) bezeichnet, obwohl dieser nicht zwingend der Eigentümer des Schiffes sein muss.[5] Es wäre beispielsweise denkbar, dass der Charterer das gecharterte Schiff seinerseits auf Zeit oder für einzelne Reisen weiter verchartert. Der Zeitcharterer wird üblicherweise

---

[1] Herber, § 37, S. 381 f.
[2] Stahl, S. 35 f.
[3] z.B. NYPE 46/93/2015; BALTIME 1939, BOXTIME 2004
[4] *Rabe*, TranspR 2010, 1
[5] so auch Herber, § 37, S. 381

„charterer" oder auch „merchant" (Kaufmann) genannt, wobei letzterer Terminus zum Ausdruck bringt, dass es sich beim Zeitcharterer oftmals um eine nautisch unerfahrene, kaufmännisch tätige Person handelt.

C. Der vertragsgemäße Zustand

Der vertragsgemäße Zustand eines im Rahmen einer Zeitcharter vercharterten Seeschiffes („general condition") im Zeitpunkt der Bereitstellung kann im internationalen Charterrecht anhand dreier verschiedener Begriffe konkretisiert werden. Dabei handelt es sich um die Geeignetheit („Fitness"), die Seetüchtigkeit („Seaworthiness") sowie die Bereitschaft („Readiness") des Schiffes. Dabei ist jedoch zu beachten, dass diese Einzelaspekte des vertragsgemäßen Zustandes keinesfalls losgelöst voneinander betrachtet werden oder trennscharf voneinander abgegrenzt werden können. Vielmehr überschneiden sich die Begriffe vielfach, sodass sie stets als Gesamtheit im Kontext des übergeordneten vertragsgemäßen Zustands betrachtet werden sollten.

I. Geeignetheit („fitness")

Der Begriff der „Fitness" wird in den gebräuchlichen Standardformularen zumeist im Rahmen der Formulierung „The vessel on her delivery shall be [...] in every way fitted for ordinary cargo service" verwendet.[6] Darunter ist die Geeignetheit des Schiffes für den jeweiligen (im Rahmen der Charter Party vereinbarten) Einsatz zu verstehen.

1. Voraussetzungen der Geeignetheit

Um als geeignet angesehen werden zu können muss ein Schiff zunächst ordnungsgemäß ausgerüstet sein. Dazu muss es derart beschaffen sein, dass es den Gefahren standhalten kann, die aus Sicht des Vercharterers vernünftigerweise im Rahmen einer vom Charterer (rechtmäßig, d.h. im Rahmen der Charter Party) angeordneten Reise vorhersehbar sind. Zudem muss das Schiff zur Beförderung jeglicher vereinbarter Ladung geeignet und in Bezug auf die durchzuführenden Reisen in quantitativer sowie qualitativer Hinsicht, also nach Anzahl und Qualifikation der Crewmitglieder, ausreichend bemannt sein. Des Weiteren muss das Schiff in ausreichendem Maße das für technische und navigatorische Zwecke erforderliche Equipment für die sichere Durchführung der jeweils vereinbarten Reise und die ordnungsgemäße Verstauung der Ladung besitzen. Schließlich muss

---

[6] z.B. NYPE 93, Cl. 2, L. 34 f. & BALTIME, Cl. 1, L. 25 f.

das Schiff neben der ordnungsgemäßen Ausrüstung auch die zur Durchführung der vereinbarten Reisen erforderlichen Bescheinigungen und Genehmigungen („certificates & authorizations") erhalten haben bzw. die entsprechenden Dokumente bereithalten, die etwa zum Anlaufen eines bestimmten Hafens und dortigen Löschen der Ladung ohne unangemessene Störungen oder Verspätungen unabdingbar sind.[7]

2. Grenzen der Geeignetheit

Die Pflicht des Vercharterers, das Schiff in einem geeigneten Zustand bereitzustellen, kann bei lebensnaher Betrachtung keinesfalls grenzenlos sein bzw. einen absoluten Charakter besitzen (insbesondere dann, wenn sich die Weisungsbefugnis der Charterers auf eine Vielzahl verschiedener Häfen und unterschiedlicher Güter erstreckt), da er sodann in unangemessenem Umfang für den womöglich nicht vertragsgemäßen Zustand einzustehen hätte.[8] Vielmehr muss der Begriff der „Geeignetheit" recht allgemein ausleget werden. Demzufolge ist der Vercharterer nicht dazu verpflichtet jede Eventualität oder jeden möglichen Schadenseintritt bzw. jedes zufällig auftretende, den Zustand des Schiffes objektiv verschlechternde Ereignis vorherzusehen und für einen solchen Fall Ressourcen, d.h. die für die Behebung der eventuell auftretenden Schäden erforderlichen finanziellen und technischen Mittel, bereitzuhalten. Andernfalls wäre der Vercharterer womöglich konfligierenden bzw. sich widersprechenden Pflichten ausgesetzt, jeweils abhängig von den Weisungen des Charterers und den eventuell auftretenden Ereignissen, auf die abgestellt wird. Dementsprechend indiziert nicht jede Notwendigkeit Änderungen am Schiff vornehmen zu müssen unweigerlich eine anfängliche Ungeeignetheit des Schiffes.

II. Seetüchtigkeit („seaworthiness")[9]

Ein weiteres hervorzuhebendes Element des vertragsgemäßen Zustandes eines Schiffes im Zeitpunkt der Bereitstellung ist die Seetüchtigkeit, die bereits rein denklogisch zu Beginn jedes Seetransportes vorliegen muss, da ein solcher anderenfalls nicht durchführbar wäre bzw. andernfalls ein permanentes Totalverlustrisiko bestehen würde.

---

[7] "The Derby" [1985] 2 Lloyd's Rep. 325 (C.A.)
[8] "The Derby" 1st instance [1985] 1 Lloyd's Rep. 635
[9] zur Seetüchtigkeit: *Liang*, J.B.L. 2000, Jan, 1-35

1. Voraussetzungen der Seetüchtigkeit

Grundvoraussetzung der Seetüchtigkeit ist die Widerstandsfähigkeit des Schiffes, seiner Ausrüstung und seiner Besatzung gegenüber den üblichen Gefahren der See.[10] Darunter versteht man solche Gefahren, die gerade durch die besonderen Umstände einer Seebeförderung entstehen bzw. aus den speziellen Gegebenheiten der Meeresumwelt resultieren.[11] Zu solch üblichen Gefahren der See gehören etwa Unwetter, Wellen, Wind und Schiffszusammenstöße sowie das mögliche Sinken oder Kentern des Schiffes. Neben der Widerstandsfähigkeit umfasst der Begriff der Seetüchtigkeit auch die Geeignetheit des Schiffes für den Transport der vereinbarten Güter (Ladungstüchtigkeit).[12] Damit ist einerseits die Tauglichkeit der Laderäume zur Aufnahme der vereinbarten Ladung gemeint; sollte beispielsweise im Rahmen einer Zeitcharter vereinbart worden sein, dass das vercharterte Schiff eine bestimmte Ladung in Form von 20ft ISO-Containern zu laden und transportieren hat, müssen die Laderäume dieses Schiffes derart beschaffen sein, dass in ihnen der entsprechende Containertyp ohne wesentliche Hindernisse und Sicherheitsrisiken verladen werden kann. Schließlich muss auch die Ausrüstung des Schiffes, insbesondere das zur Verstauung und Sicherung der Ladung (Verlaschung) während der Seereise erforderliche Equipment, zum Schutz der vereinbarten Ladung geeignet sein. Schon daraus wird ersichtlich, dass die Seetüchtigkeit als ein relativer Begriff zu betrachten ist und einzelfallabhängig konkretisiert werden muss, je nach Art des vercharterten Schiffes und der vereinbarten Ladung. Zur Bestimmung des erforderlichen Maßes an Seetüchtigkeit für die bevorstehende Reise ist stets auf die Sichtweise eines gewöhnlichen, fachkundigen und achtsamen Reeders bzw. Vercharterers abzustellen.[13] Für den Fall, dass die Durchführung unmittelbar aufeinanderfolgender Reisen zwischen den Parteien vertraglich vereinbart worden ist (consecutive voyages), muss das Schiff zu Beginn jeder einzelnen Reise seetüchtig sein.[14] Die Pflicht zur Herstellung der Seetüchtigkeit ist grundsätzlich keine (zwingende) Bedingung, deren Nichteinhaltung die andere Partei ohne weiteres zu einer Vertragsaufhebung berechtigen würde.[15]

---

[10] "The Aquacharm" [1982] 1 Lloyd's Rep. 7
[11] Shipping Law, S. 80
[12] "Maori King" v. Hughes [1895] 2 Q.B. 550
[13] McFadden v. Blue Star Line [1905] 1 K.B. 697;
Carver on Bills of Lading, 9-014, S. 500
[14] Scrutton, Art. 191, S. 359
[15] Carver's Carriage by Sea, S. 106

2. Paramount-Klausel (Clause Paramount)

Die in der Praxis bei Zeitchartervertägen üblicherweise verwendeten Standardformulare beinhalten nahezu alle eine sogenannte Paramount-Klausel, die eine Einbeziehung der Haag-Visby-Regeln (HVR) sowie des U.S. Carriage of Goods by Sea Act (COGSA; U.S. Code: Title 46, Appendix, Chapter 28, § 1300 ff.) anordnet.[16] Die hier einschlägigen Regelungen finden sich in den wortgleichen Art. 3, § 1 HVR und Section 3 (1) U.S. COGSA: „The carrier shall be bound, before and at the beginning of the voyage, to exercise due diligence to (a) make the ship seaworthy; (b) properly man, equip and supply the ship; (c) make [...] all [...] parts of the ship in which goods are carried, fit and safe for their reception, carriage, and preservation."

a) Einfluss der Paramount-Klausel

Aus dieser Regelung ergibt sich, dass der Vercharterer (hier „carrier") zur Anwendung der „gehörigen Sorgfalt" (due diligence) im Rahmen der Herstellung der Seetüchtigkeit des zeitvercharterten Schiffes verpflichtet ist. Diese Verpflichtung erstreckt sich auf den gesamten Zeitraum der Charter bis zum Beginn der ersten Reise des Schiffes in beladenem Zustand („before and at the beginning of the voyage");[17][18] Ergänzend zu dieser positiven Pflicht des Vercharterers konstituieren Art. 4, § 1 HVR bzw. Section 4 (1) U.S. COGSA einen Haftungsausschluss für Verluste oder Schäden, die aus einem Mangel an Seetüchtigkeit entstehen, es sei denn, dass der Mangel darauf beruht, dass der Vercharterer nicht die gehörige Sorgfalt (vgl. Art 3, § 1 HVR & Section 3 (1) U.S. COGSA) angewandt hat, um das Schiff seetüchtig zu machen. Daraus folgt, dass im Falle der Verwendung einer Paramount-Klausel die Pflicht des Vercharterers das Schiff in einem seetüchtigen Zustand bereitzustellen, keine absolute Pflicht ist, die in jedem Fall zu erfüllen wäre. Vielmehr ist ihr bereits dann genüge getan, wenn von Seiten des Vercharterers zur Herstellung der Seetüchtigkeit die gehörige Sorgfalt angewendet wurde. Allerdings kann der Vercharterer (auch bei Inkorporation der Haag-Visby-Regeln) dem Charterer das Schiff erst dann andienen bzw. ihm erst dann eine Mitteilung über die Ladebereitschaft des Schiffes zukommen lassen (Notice of Readiness (NoR), wenn die vereinbarte Beschaffenheit des Schiffes im konkreten Fall tatsächlich vorliegt. Da das Schiff

---

[16] so etwa NYPE 93, Cl. 31 (a), L. 321 ff. & NYPE 2015, Cl. 33 (a), L. 530 ff.
[17] "The Fjord Wind" [2000] 2 Lloyd's Rep. 191
[18] Aspects of Maritime Law – *N. J. Margetson*, 4.3.1, S. 60

erst nach Übersendung der NoR als bereitgestellt angesehen werden kann, steht dem Charterer auch bei Verwendung einer Paramount-Klausel für den Fall, dass der tatsächliche Zustand des Schiffes vom vertraglichen vereinbarten Zustand abweicht, ein Zurückweisungsrecht in Bezug auf das bereitgestellte Schiff sowie ein Kündigungsrecht bei Überschreitung der Frist, in der das Schiff im vereinbarten Zustand bereitgestellt werden muss („laycan" – *lay*days and *can*celling), zu.[19] Nach Art. 3, § 1 (b) HVR ist auch bezüglich des ordnungsgemäßen Bemannens und Ausrüstens des Schiffes gehörige Sorgfalt anzuwenden; zudem ist selbige nach Art. 3, § 1 (c) HVR auszuüben, um alle Bestandteile des vercharterten Schiffes, die zur Beförderung der vereinbarten Ladung verwendet werden, für den Empfang bzw. die Verladung, die eigentliche Beförderung und den Schutz bzw. die Erhaltung der Ladung geeignet und sicher zu machen.

b) Anwendung der gehörigen Sorgfalt („due diligence")

Um die zur Herstellung der Seetüchtigkeit von Art 3, § 1 HVR geforderte gehörige Sorgfalt anzuwenden muss der Vercharterer alle Reparaturen und Inspektionen durchführen, die ein sachkundiger und umsichtiger Vercharterer ausführen würde. Jene Arbeiten sind zudem mit angemessener Fertigkeit bzw. Kompetenz und gebührender Umsicht auszuüben.[20] Die Beschäftigung qualifizierter Arbeiter, die grundsätzlich die zur Durchführung der angefallenen Reparaturen erforderliche Fachkompetenz besitzen und sich in der Vergangenheit als zuverlässig erwiesen haben, ist regelmäßig nicht ausreichend, um den Anforderungen der gehörigen Sorgfalt zu genügen. Vielmehr kommt es auf die tatsächliche, ordnungsgemäße Ausführung der erforderlichen Reparaturmaßnahmen an. Ferner muss gehörige Sorgfalt von jeder Person, der ein Teil der Arbeit anvertraut wird, angewendet werden, sei es ein Angestellter des Vercharterers oder ein unabhängiger, vom Vercharterer beauftragter Unternehmer.[21] Der Zeitraum, in dem der Vercharterer zur Anwendung der gehörigen Sorgfalt verpflichtet ist, beginnt in dem Zeitpunkt, in dem das Seeschiff in die Herrschaftssphäre des Vercharterers eingetreten ist, d.h. wenn er Eigentum oder Besitz an dem vercharterten Schiff erlangt. Selbstredend muss der Vercharterer nicht für jeden auftretenden Mangel am vercharterten Schiff einstehen bzw. haften, sondern nur für solche Mängel, die im Rahmen einer fachkundigen und sorgfältigen Untersuchung des Schiffes vernünftigerweise hätten

---

[19] Time Charters, 8.25, S. 163
[20] Union of India v. N.V. Reederij Amsterdam [1963] 2 Lloyd's Rep. 223
[21] "The Happy Ranger" [2006] EWHC 122, [2006] 1 Lloyd's Rep. 649

6

entdeckt werden können oder erst durch nachlässige Ausführung von Reparaturarbeiten entstanden sind.[22]

c) Praktische Bedeutung

Auf den ersten Blick scheint die Einbeziehung von Art. 3, § 1 sowie Art. 4, § 1 der Haag-Visby-Regeln die Haftung des (Zeit-) Vercharterers in erheblichem Maße verringern. Allerdings besitzt die sogenannte Paramount-Klausel nur eine geringe praktische Bedeutung, da die Seeuntüchtigkeit eines Schiffes in den allermeisten Fällen darauf beruht, dass der Vercharterer gerade nicht die geforderte gehörige Sorgfalt angewendet hat. Versteckte Mängel, die der Vercharterer trotz Anwendung der gehörigen Sorgfalt tatsächlich nicht entdecken konnte, dürften in der Praxis eher selten auftreten.[23]

3. Grenzen der Seetüchtigkeit

Wie bereits obig beschrieben werden die an den Vercharterer gestellten Anforderungen in einigen Fällen schon durch die Verwendung einer Paramount-Klausel und die damit einhergehende Einbeziehung der Haag-Visby-Regeln in die Charter Party begrenzt. Die absolute Gewährleistung der Seetüchtigkeit wird im Rahmen der einschlägigen Art. 3, § 1 und Art 4, § 1 HVR dann durch eine Sorgfaltspflicht ersetzt (Anwendung der gehörigen Sorgfalt).[24] Geringfügige bzw. unerhebliche oder gewohnheitsmäßig auftretende Ladungsschäden indizieren regelmäßig nicht die Seeuntüchtigkeit des vercharterten Schiffes, sodass die Haftung des Vercharterers dahingehend begrenzt ist[25] Sobald jedoch das gesamte Schiff als solches, ausgelöst durch einen Defekt oder Mangel, gefährdet ist oder dadurch eine ernstliche Gefahrenlage hervorgerufen wird, die schwerwiegende Ladungsschäden nach sich ziehen könnte, ist das Schiff als seeuntüchtig anzusehen. Genauso verhält es sich, wenn tatsächliche oder rechtliche Unmöglichkeit besteht in See zu stechen,[26] einen bestimmten Hafen anzulaufen oder die vereinbarte Ladung zu laden bzw. zu löschen (z.B. durch Unzulänglichkeit oder Nichtvorliegen der für die Durchführung der Reise erforderlicher Dokumente oder Zertifikate).

---

[22] "The Muncaster Castle" [1961] 1 Lloyd's Rep 57
[23] Smith, Hogg v. Black Sea and Baltic General Insurance [1940] A.C. 9
[24] Maritime Law, S. 126
[25] M.D.C., Ltd. v. N.V. Zeevaart Maatschappij [1962] 1 Lloyd's Rep. 180
[26] "The Arianna" [1987] 2 Lloyd's Rep. 376

4. Verhältnis zur Geeignetheit

Die Seetüchtigkeit ist als Grundvoraussetzung der Geeignetheit anzusehen; dementsprechend kann ein seeuntüchtiges Schiff niemals geeignet sein. Ein Schiff, das die Anforderungen der Geeignetheit nicht erfüllt, kann jedoch grundsätzlich durchaus seetüchtig sein. Die Ungeeignetheit beruht in diesem Fall auf anderen Faktoren.

III. Bereitschaft („readiness")

Drittes Element des vertragsgemäßen Zustands im Zeitpunkt der Bereitstellung des Schiffes ist die Bereitschaft (engl. „readiness"). Diese Begrifflichkeit wird im Rahmen der geläufigen Standardformulare in zweifacher Hinsicht verwendet. Einerseits muss das Schiff zur Entgegennahme der beabsichtigten Ladung bereit sein („ready to receive the intended cargo").[27] Andererseits ist der Vercharterer verpflichtet dem Charterer die Ladebereitschaft („readiness to load") des Schiffes durch Übermittlung der sog. „Notice of Readiness" (NoR) mitzuteilen („The Owners shall give the Charterers and/or their local agents notice of delivery when the Vessel is in a position to come on hire").[28]

1. Ladebereitschaft („readiness to load")

Die tatsächliche Ladebereitschaft des vercharterten Schiffes hängt im Einzelfall von verschiedenen Faktoren ab. Entscheidend ist zunächst, ob das Schiff derart beschaffen ist, dass es die vertraglich vereinbarte Ladung aufzunehmen vermag; es müsste dementsprechend ladungstüchtig sein („cargoworthiness"). Zudem müsste sich das Schiff am vereinbarten Ladehafen bzw. Standort befinden. Des Weiteren müssten die zur Beförderung der Ladung benötigten Schiffsräume unbelegt und frei von jeglicher, ihre Brauchbarkeit in erheblichem Maße beeinträchtigender Kontaminierung sein. Voraussetzung der Ladebereitschaft ist schließlich auch, dass das zur sicheren und ordnungsgemäßen Verladung der vereinbarten Güter erforderliche Equipment (Ausrüstung) vorhanden und einsatzbereit ist.[29] Die Ladungstüchtigkeit ist grundsätzlich stets dann zu bejahen, wenn das Schiff tatsächlich bereit ist den Anweisungen des Charterers Folge zu leisten und mit der anstehenden Verladung zu beginnen.[30] Maßgeblich ist dabei, dass der Vercharterer dem Charterer die Kontrolle über jeden zur Verladung der Transportgüter zur

---

[27] so etwa NYPE 2015, Cl. 2 (c), L. 45 f.
[28] so NYPE 2015, Cl. 2 (d), L. 57 f.
[29] zur "cargoworthiness": Girvin, Carriage of Goods by Sea, Part VII, S. 451 f.
[30] "The Tres Flores" [1973] 2 Lloyd's Rep. 247 (C.A.)

Verfügung stehenden Teil des Schiffes gewährt.[31] Zur Festlegung der Anzahl der vorhandenen Containerstellplätze oder des gesamten Ladevolumens ist stets auf die bauliche Kapazität des Schiffes im Zeitpunkt des Vertragsschlusses, also auf die Beschreibung des Schiffs in der Charter Party abzustellen.[32] Sollte der Charterer im ursprünglich vereinbarten Zeitpunkt der Bereitstellung selber nicht bereit sein die ihm obliegenden Pflichten zu erfüllen (etwa das Laden und Löschen[33]), ist die vollständige Bereitschaft des Schiffes zu dieser Zeit nicht erforderlich. Es ist vielmehr ausreichend, dass die Ladebereitschaft in dem Zeitpunkt, in dem der Charterer zur Beladung des Schiffes bereit ist, bestehen kann.[34] Es besteht somit ein relatives Verhältnis zwischen der Bereitschaft des vercharterten Schiffes sowie der Bereitschaft des Charterers. Auch in rechtlicher Hinsicht muss das Seeschiff bereit sein; folglich muss es mit den im Einzelfall gegebenen Hafenvorschriften übereinstimmen und die zur Durchführung der Reise erforderlichen Dokumente der Zoll-, Einreise- und Gesundheitsbehörden erhalten haben und vorweisen können.[35]

2. Notice of Readiness (NoR)

Die Mitteilung der Ladebereitschaft („Notice of Readiness") an den Charterer kann erst in dem Zeitpunkt erfolgen, in dem sich das Schiff im vertraglich vereinbarten Zustand und am vereinbarten Ort befindet. Bei Nichtvorliegen dieser Voraussetzungen ist die NoR grundsätzlich als unwirksam anzusehen.[36] Die Pflicht des Charterers zur Zahlung der „hire" beginnt in diesem Fall erst dann zu laufen, wenn er die unwirksame Mitteilung der Ladebereitschaft (unwiderruflich) anerkennt bzw. trotz Kenntnis der Unwirksamkeit mit Lade- oder Löscharbeiten beginnt.[37] Der Charterer ist erst dann zur Anerkennung der NoR verpflichtet, wenn das Schiff tatsächlich mit allen vertraglich vereinbarten Eigenschaften übereinstimmt und allen Anforderungen der im Einzelfall vereinbarten Reise entspricht.[38] Dies gilt grundsätzlich auch bei Einbeziehung der Haag-Visby-Regeln bzw. des U.S. COGSA im Rahmen einer Paramount-Klausel.[39] Die NoR ist im Grundsatz nicht formgebunden; sollte zwischen den Parteien Schriftform vereinbart

---

[31] Groves, Maclean v. Volkart (1884) C. & E. 309
[32] Scrutton, Art. 88, S. 167 f.
[33] siehe NYPE 2015, Cl. 8 (a), L. 133 ff.
[34] "The Antclizo" (No. 2) [1991] 2 Lloyd's Rep. 485
[35] Girvin, Carriage of Goods by Sea, Part VII, S. 453
[36] Time Charters, 8.34, S. 165
[37] Scrutton, Art. 89, S. 170
[38] Time Charters, 8.34, S. 165
[39] siehe C.II.2.a)

worden sein, indiziert das bloße Laden oder Löschen nicht unweigerlich, dass von Seiten des Zeitcharterers in Bezug auf die noch ausstehende NoR auf die Schriftform verzichtet wird. Eine verfrüht übermittelte Mitteilung der Ladebereitschaft (d.h. vor Beginn der vereinbarten „laycan") tritt regelmäßig am ersten Tag der „laycan" in Kraft.

3. Grenzen der Ladebereitschaft

Grundsätzlich ist die Bereitschaft des vercharterten Schiffes im kaufmännischen Sinne zu verstehen. Daraus folgt, dass ein Defekt, der nur einen geringfügigen Einfluss auf den Betrieb des Schiffes hat und lediglich von geringer wirtschaftlicher Bedeutung ist, nicht per se dazu führt, dass das Schiff als nicht ladebereit angesehen werden muss. Ähnlich verhält es sich bei den üblicherweise vorzunehmenden Arbeiten, die nach dem Anlegen und vor dem Laden bzw. Löschen vorgenommen werden und geringfügige Verzögerungen hervorrufen. Des Weiteren kann bei der Feststellung der Ladebereitschaft gegebenfalls zunächst vom Vorliegen lokaler Formalitäten abgesehen werden, sofern diese ohne Verzögerung nachgeholt werden können. Selbiges gilt auch für die medizinische Freigabeerteilung der Gesundheitsbehörden („free pratique"), die bestätigt, dass das Schiff frei von Infektionskrankheiten ist.[40] Die Ladebereitschaft des Schiffes ist jedenfalls dann zu verneinen, wenn ein an der Ausführung des Schiffsbetriebs hinderndes Ereignis vorliegt und dadurch eine nicht nur unerhebliche Verzögerung hervorgerufen wird.[41] Auch im Falle der Unzulänglichkeit der Ladungsausrüstung (bspw. zum sicheren Verstauen der Ladung) liegt die Bereitschaft des Schiffes nicht vor. In der Praxis vereinbaren die Vertragsparteien oftmals, dass ein vom Charterer engagierter Gutachter („surveyor") die Ladebereitschaft überprüfen soll. Die erforderliche Zufriedenstellung dieses Gutachters stellt für den Vercharterer eine Nebenpflicht dar, der zusätzlich zu der Hauptpflicht das Schiff im vertragsgemäßen Zustand bereitstellen zu müssen entsprochen werden muss. Folglich befreit die Anerkennung bzw. Bestätigung der Bereitschaft durch den Gutachter den Vercharterer nicht von seiner originären Verpflichtung, das Schiff in einem geeigneten, seetüchtigen und ladebereiten Zustand bereitzustellen.[42]

---

[40] zur Einschränkung der Bereitschaft: Scrutton, Art. 89, S. 170
[41] "The Tres Flores" [1973] 2 Lloyd's Rep. 247 (C.A.)
[42] Petrofina v. Compagnia Italiana (1937) 57 Ll. L. Rep. 24

IV. Einzelne Eigenschaften des Schiffes

Im Einzelfall kann die vertragsgemäße Beschaffenheit eines Schiffes von einer Vielzahl unterschiedlicher Eigenschaften abhängen. Festgelegt werden die jeweils geschuldeten Eigenschaften durch die genaue Schiffsbeschreibung, die zentraler Teil jeder Charter Party ist. In diesem Zusammenhang relevant sind in erster Linie technische Aspekte, wie die Anzahl der Schiffs- & Laderäume, die Qualität und Quantität der vorhandenen Verladungsausrüstung, der Treibstoffverbrauch des Schiffes und die je nach vertraglich vereinbartem Einsatzort und Einsatzzweck des Schiffes erforderliche spezielle Ausrüstung. Auch die Anzahl und Kompetenz bzw. Qualifikation der Crewmitglieder zur Durchführung der anstehenden Ladearbeiten und der bevorstehenden Seereise wird im Rahmen der Charter Party konkretisiert. In der Praxis ist darüber hinaus dem Vorhandensein aller zur Durchführung der Reise notwendigen Genehmigungen sowie der für die Vornahme von Lade- und Löscharbeiten erforderlichen Dokumente und Autorisierungen (legal fitness) besondere Bedeutung beizumessen. Dabei sind neben den rechtlichen Anforderungen des Flaggenstaates des Schiffes auch die rechtlichen Besonderheiten der im Zuge der Reise anzulaufenden Häfen/Hafenstaaten zu beachten.[43] Falls einem Schiff z.B. Zertifikate fehlen, die die Befolgung internationaler Hygiene- und Quarantänebestimmungen (z.B. International Health Regulations; IHR) an Bord des Schiffes bestätigen, und es deshalb bestimmte Zielhäfen, die im Voraus vertraglich festgelegt wurden, nicht anlaufen kann, ist das Schiff nicht geeignet und entspricht nicht dem vertragsgemäßen Zustand.[44] Der Vercharterer ist jedoch nicht verpflichtet jedes möglicherweise erforderliche Dokument bereitzuhalten; es kommt darauf an, welche Dokumente üblicherweise für einen vergleichbaren Transport über See benötigt werden und ob ein vernünftigerweise vorhersehbares Risiko einer Verzögerung bzw. Verspätung für den Fall, dass ein bestimmtes Dokument nicht vorhanden ist, besteht.[45]

V. Fazit

Der vertragsgemäße Zustand des Schiffes variiert je nach vertraglicher Vereinbarung und wird in erster Linie durch die Schiffsbeschreibung in der Charter Party konkretisiert. Generell kennzeichnet sich die Begrifflichkeit des „vertragsgemäßen Zustands" dadurch, dass sie aufgrund der hohen Anzahl

---

[43] Time Charters, 8.49, S. 169
[44] "The Madeleine" [1967] 2 Lloyd's Rep. 224
[45] Chellew Navigation v. Appelquist (1933) 45 Ll. L. Rep. 190

vorstellbarer Eigenschaften des Schiffes, über die im Einzelfall vertragliche Vereinbarungen getroffen werden können, enorm vielschichtig und einzelfallabhängig ist. Dies kommt z.b. auch dadurch zum Ausdruck, dass es sich bei einzelnen Unteraspekten wie etwa der Seetüchtigkeit um relative Begriffe handelt, die ihrerseits maßgeblich von den in der Charter Party enthaltenen Vereinbarungen abhängig sind und nicht vom konkreten Fall losgelöst bestimmt werden können. Neben den erforderlichen technischen Eigenschaften des Schiffes kommt es vor allem auch auf die Anforderungen der rechtlichen Geeignetheit an (legal fitness). Zusammenfassend kann man jedenfalls festhalten, dass der vertragsgemäße Zustand eines Schiffes im Zeitpunkt der Bereitstellung nur im Rahmen einer Gesamtschau von Fitness (Geeignetheit), Seaworthiness (Seetüchtigkeit) und Readiness (Bereitschaft) abstrakt erfasst werden kann und unter Berücksichtigung der im jeweiligen konkreten Einzelfall getroffenen vertraglichen Vereinbarungen durch die Rechtsprechung konkretisiert werden muss.

D. Beurteilung des vertragsgemäßen Zustandes

Ob der Zustand eines Schiffes in einem konkreten Fall vertragsgemäß war oder nicht, beurteilt sich (wie bereits angesprochen) aus kaufmännischer Perspektive. Bei Vorliegen eines Mangels, der sich nur in geringfügigem Maße praktisch und wirtschaftlich auswirkt, wäre es unangemessen das vercharterte Schiff als ungeeignet oder nicht seetüchtig zu bezeichnen. In der Regel sind solche Schäden unerheblich und daher zu vernachlässigen, die sich nicht in negativer Art und Weise auf die Sicherheit des Schiffes bzw. der Ladung auswirken.[46] Auch im Falle reparatur- bzw. behebungsbedürftiger Mängel, die nicht zu Verzögerungen beim Laden führen bzw. noch während der Ladearbeiten behoben werden können und diese nicht behindern, ist das Schiff im Grundsatz als geeignet, seetüchtig und ladebereit anzusehen.[47] Erheblich ist ein Defekt oder Mangel jedoch jedenfalls dann, wenn er die Ladungsarbeiten wesentlich verzögert.[48]

---

[46] "The Arianna" [1987] 2 Lloyd's Rep. 376
[47] N.Y. & Cuba Mail Steamship v. Eriksen & Christensen (1922) 27 Com. Cas. 330
[48] "The Tres Flores" [1973] 2 Lloyd's Rep. 247 (C.A.)

E. Rechtsfolgen bei Pflichtverletzung

I. Zurückweisungsrecht („rejection")

Wird das vercharterte Schiff in einem nicht vertragsgemäßem Zustand angedient, steht dem Charterer ein Zurückweisungsrecht in Bezug auf das Schiff zu. Macht er von diesem Recht Gebrauch, gilt das Schiff als nicht bereitgestellt.[49] Dieser Umstand führt jedoch nicht zu einer Beendigung des Vertrages; die Parteien bleiben verpflichtet ihren vertraglichen Pflichten nachzukommen. Insbesondere hat der Vercharterer nach wie vor die Seetüchtigkeit des Schiffes unter Anwendung gehöriger Sorgfalt herzustellen und das Schiff (dem Charterer) erneut anzudienen. Gelingt ihm dies vor Ablauf der laycan, ist der Charterer seinerseits verpflichtet das angediente Schiff zu akzeptieren.[50]

II. Kündigungsrecht („cancellation")

Eine zur Kündigung (des Vertrages) berechtigende Pflichtverletzung liegt folglich erst dann vor, wenn der Vercharterer es bis zum Ablauf der „laycan" versäumt, das Schiff im vereinbarten Zustand bereitzustellen. Dadurch verletzt der Vercharterer eine wesentliche vertragliche Verpflichtung und kann dafür im Rahmen etwaiger Schadensersatzansprüche haftbar gemacht werden.[51] Die bloße Tatsache, dass das Schiff im Zeitpunkt der Bereitstellung nicht dem vereinbarten Zustand entspricht, erlaubt dem Charterer allerdings nicht automatisch den Vertrag zu kündigen. Das Bestehen eines Kündigungsrechts hängt maßgeblich von der Art und insbesondere auch von den Folgen der konkreten Pflichtverletzung des Vercharterers ab. Lediglich eine solche Pflichtverletzung, die den Verlust des gesamten wirtschaftlichen Nutzens des Vertrages nach sich zieht, berechtigt den Charterer den Vertrag zu kündigen.[52] Dies trifft auch zu, wenn die Seeuntüchtigkeit im Zeitpunkt der Bereitstellung eine Verzögerung hervorruft oder sehr wahrscheinlich hervorrufen wird, die dazu führt, dass der Charterer das Schiff nicht für den von den Parteien vorgesehenen Zweck einsetzen können wird (Nichterreichung des geschäftsmäßigen Zwecks des Vertrages).[53] Der Charterer kann die Charter Party auch dann kündigen, wenn er berechtigte Zweifel an der Nachbesserungsfähigkeit des Vercharterers haben darf oder dieser die Behebung der Mängel bzw. die

---

[49] Time Charters, 7.48 f., S. 153
[50] "The Niizuru" [1996] 2 Lloyd's Rep. 66
[51] Time Charters, 8.43 f., S. 167
[52] „The Hongkong Fir" [1961] 1 Lloyd's Rep. 159 & 2 Lloyd's Rep. 478 (C.A.)
[53] Snia v. Suzuki (1924) 18 Ll .L .Rep. 333

Nachbesserung verweigert, da dies die Absicht des Vercharterers indiziert nicht mehr an den Vertrag gebunden sein zu wollen.[54] Insoweit besteht hier eine Parallele zum deutschen Rücktrittsrecht, welches gem. § 323 II Nr. 1 BGB vom Erfordernis einer Fristsetzung vor Ausübung des Rücktrittsrechts absieht, falls die andere Vertragspartei (der Schuldner) die geschuldete Leistung ernsthaft und endgültig verweigert. Der zur Kündigung berechtigende Grund liegt in letztgenannten Fällen allerdings nicht mehr in der Abweichung vom vertragsgemäßen Zustand, sondern in der Weigerung des Vercharterers seiner Pflicht nachzukommen und Abhilfe zu schaffen. Dieser Grundsatz darf allerdings nicht soweit ausgedehnt werden, dass der Charterer schon dann kündigen darf, wenn der Vercharterer sich weigert, einen unerheblichen Defekt zu beseitigen, der das Schiff nicht seeuntüchtig macht oder zum Verlust des gesamten wirtschaftlichen Nutzens des Vertrages (deprivation of the whole benefit of the charter) führt.[55] Weist der Charterer ein Schiff nicht zurück, obwohl es nicht dem vereinbarten Zustand entspricht (acceptance), verwirkt er dadurch sein Recht zu kündigen. Er bleibt jedoch berechtigt Schadensersatz zu fordern, da der Vercharterer den Vertrag gebrochen hat, indem er das Schiff in einem vertragswidrigen Zustand bereitgestellt hat.[56]

F. Fallbeispiel: London Arbitration 18/14; (2014) 910 LMLN 1

Im Folgenden soll die Thematik anhand eines aktuellen Fallbeispiels verdeutlicht und ihre praktische Relevanz herausgestellt werden.

I. Sachverhalt

Der vom London Court of International Arbitration (LCIA) entschiedene Fall betrifft einen Massengutfrachter (Bulkcarrier), der zweimal unmittelbar aufeinander folgend auf Grundlage des NYPE 1946 Standardformulars an denselben Charterer (zeit-) verchartert wurde. Nach Abschluss der ersten Charter Party am 24. November 2013 wurde das Schiff dem Charterer in Shanghai (VR China) bereitgestellt und fuhr auf dessen Weisung nach Morowali auf der indonesischen Insel Sulawesi, um dort Nickelerz zu laden. Das Schiff erreichte den indonesischen Hafen am 6. Dezember, begann den Seetransport zur Zieldestination (Löschhafen) Lianyungang (VR China) jedoch erst am 24. Januar 2014; folglich befand sich das Schiff 48 Tage lang im Hafen von Morowali. Infolge der hohen

---

[54] „The Hongkong Fir" [1961] 1 Lloyd's Rep. 159 & 2 Lloyd's Rep. 478 (C.A.)
[55] Wilson, Carriage of Goods by sea, S. 39 f.
[56] Time Charters, 7.53 f., S. 152

14

Wassertemperaturen wurden der Schiffsrumpf, die Schiffsschrauben sowie das Steuerruder des Schiffes durch sich dort festsetzende Algenkulturen, Pflanzen und Muscheln verunreinigt (sog. biofouling). Bereits am 10. Januar hatte der Vercharterer, der vom ungewöhnlich langen Aufenthalt in Indonesien Kenntnis erlangt hatte, den Charterer dahingehend informiert, dass er eine solche Verschmutzung als wahrscheinlich erachtet und sich auf eine Zusatzklausel beruft, der zufolge der Vercharterer für einen infolge des „bottom foulings" erhöhten Treibstoffverbrauch und eine verringerte Geschwindigkeit nicht verantwortlich ist.

Zudem behielt er sich ebenfalls auf Grundlage dieser Zusatzklausel eine Unterwasserinspektion sowie eine sich etwaig anschließende Unterwasserreinigung auf Kosten des Charterers vor. Am 18. Januar, also noch während des Aufenthalts in Morowali, einigten sich die Parteien auf den Abschluss einer zweiten Charter Party zu nahezu gleichen Konditionen, die sich unmittelbar an die Beendigung der ersten Charter Party anschließen soll. Nachdem das Schiff den Hafen in Lianyungang erreichte, ließ der Charterer eine Unterwasserinspektion durchführen, die zu dem Ergebnis kam, dass Rumpf, Schraube und Ruder tatsächlich erheblich verschmutzt waren. Aufgrund der schlechten Unterwassersichtverhältnisse im Hafen von Lianyungang konnten dort keine Maßnahmen zur Reinigung der betroffenen Teile des Schiffes ergriffen werden, sodass das Schiff seine zweite Reise nach Kolaka (Indonesien) und zurück nach Lianyungang trotz der Verschmutzung antrat. Tatsächlich war das Schiff infolge der Verschmutzung während des zweiten Teils der ersten sowie während der gesamten zweiten Reise nicht in der Lage die in den beiden Charter Parties zugesicherte Geschwindigkeit von 13 kn zu erreichen und verbrauchte zudem auch deutlich mehr Treibstoff als vorgesehen. Am 26. März wurde das Schiff schließlich in Lianyungang zurückgegeben.

II. Forderungen der Parteien

Nachdem der Charterer aufgrund der Minderleistung sowie des Treibstoffmehrverbrauchs (underperformance of the ship) einen nicht unerheblichen Teil der Hire einbehalten hatte, klagte der Vercharterer auf Zahlung der noch nicht gezahlten Summe. Er verlangte zudem Ersatz für die durch das Säubern der Schiffsräume entstandenen Kosten sowie für Beschädigungen des Schiffes, die während der Lade- und Löscharbeiten entstanden. Die beiden letztgenannten Forderungen des Vercharterers stehen jedoch in keinerlei

Verbindung zur Thematik des vertragsgemäßen Zustands im Zeitpunkt der Bereitstellung, sodass sie im Folgenden außer Acht gelassen werden können.

III. Schiedsspruch

Die Schiedsrichter entschieden, dass es keine Grundlage für die Einbehaltung der Hire bezogen auf die Rückreise im Rahmen der ersten Charter Party gibt. Die bereits angesprochene Zusatzklausel stellt klar, dass der Vercharterer nicht verantwortlich ist, wenn sich das Schiff im Verlauf der Charter für mehr als 28 Tage in einem Hafen aufhält und es dadurch zur Verschmutzung kommt, die einen erhöhten Treibstoffverbrauch sowie eine Verringerung der Fahrtgeschwindigkeit hervorrufen. Daher wurde diesbezüglich zu Gunsten des Vercharterers entscheiden. In Bezug auf die Minderleistung während der zweiten Charter Party trug der Vercharterer vor, dass der Charterer das Schiff direkt nach Beendigung der ersten Charter Party erneut (im Zuge der zweiten Charter Party) eingesetzt und dadurch die erforderliche Säuberung des Rumpfes (und somit eine Bereitstellung des Schiffes in vertragsgemäßem Zustand) nicht ermöglicht habe. Diese Tatsache hindere ihn daran, im Nachhinein Teile der Hire einzubehalten. Die Schiedsrichter gaben jedoch dem Charterer Recht, da sie es dem Vercharterer anlasteten, dass er im Bewusstsein der hohen Wahrscheinlichkeit des Vorhandenseins von Verunreinigungen einzelner Bestandteile der Schiffes den zweiten Vertrag zu nahezu denselben Bedingungen, insbesondere mit identischen Leistungs- und Geschwindigkeitszusicherungen abschloss. Daher übernahm der Vercharterer nach Ansicht des Schiedsgerichts das Risiko, dass das Schiff diese Zusicherungen während der zweiten Reise womöglich nicht wird erfüllen können. Zudem wäre es dem Vercharterer möglich gewesen im Laufe der (Ballast-) Reise von Lianyungang nach Kolaka einen geeigneten Zwischenhafen anlaufen zu lassen, um dort die Reinigung des Schiffes zu arrangieren; die dadurch entstehenden Kosten wären im Rahmen der bereits genannten Zusatzklausel vom Charterer zu tragen gewesen. Das bloße Zustimmen des Charterers zu den gleichen Vertragsbedingungen und die direkte Übernahme des Schiffes nach Beendigung der ersten Reise hindern ihn auch nicht daran, sich auf die Minderleistung und den Mehrverbrauch des Schiffes zu berufen.

IV. Fazit

Im Ergebnis war der Vercharterer daher an die vertraglichen Zusicherungen, auf die er sich bei Abschluss der zweiten Charter Party eingelassen hat, gebunden, obwohl die eigentliche Ursache der Minderleistung des Schiffes dem Charterer zuzurechnen ist. Falls also ein Zeitvercharterer eine bestimmte Eigenschaft des Schiffes vertraglich verspricht (Konkretisierung des vertragsgemäßen Zustands), muss er für deren Bestehen im Grundsatz unabhängig von den vorherigen Ereignissen sorgen und den vereinbarten Zustand des Schiffes im Zeitpunkt der Bereitstellung (in diesem Fall aufgrund der Unmöglichkeit der Säuberung im Bereitstellungshafen spätestens vor Antritt der Rückreise in beladenem Zustand) gewährleisten.

G. Deutsches Recht

I. Einordnung des Zeitchartervertrages, § 557 ff. HGB

Das deutsche Handelsrecht enthielt bis zur umfassenden Novellierung des fünften Buches des HGB im Jahr 2013 durch das Gesetz zur Reform des Seehandelsrechts (SRRefG) keine gesetzliche Regelung der Zeitcharter.[57] Dieser Vertragstyp weist neben Elementen eines Seefrachtvertrages (Durchführung der Beförderung von Gütern und Personen) mit der Besonderheit des wirtschaftlichen Weisungsrechtes des Charterers auch Parallelen zur Schiffsmiete mit Dienstverschaffungsabrede (Überlassung des Seeschiffes) bezüglich der Durchführung der Beförderung auf. Lange Zeit bestand daher in der Rechtswissenschaft weitestgehend Unklarheit bezüglich der Rechtsnatur des Zeitchartervertrages.[58] Die Begründung zum Regierungsentwurf zur Reform des Seehandelsrechts beendete schließlich diese kontrovers geführte Diskussion, indem sie verdeutlicht, dass es sich beim Zeitchartervertrag um einen Vertrag „sui generis" handelt, der daher weder Seefracht- noch Schiffsmietvertrag ist.[59]

II. Der vertragsgemäße Zustand, § 559 HGB

Gemäß § 559 I HGB hat der Zeitvercharterer dem Zeitcharterer das Schiff zur vereinbarten Zeit am vereinbarten Ort in einem zum vertragsgemäßen Gebrauch geeigneten Zustand bereitzustellen. Ergänzend muss dieser Zustand während der Dauer des Vertrages vom Vercharterer erhalten werden (vgl. § 560 S.1). Bereits durch die Verwendung des Verbs „bereitstellen" wird hinreichend deutlich, dass der Besitz am Schiff beim Zeitvercharterer verbleibt und keine Übergabe im sachenrechtlichen Sinne erfolgt, da die von ihm gestellte Besatzung während der Vertragslaufzeit für das Schiff samt Ladung verantwortlich bleibt[60] und die

---

[57] so noch Athanassopoulou, S. 151
[58] dazu ausführlich: Breitzke
[59] RegE eines Gesetzes zur Reform des Seehandelsrechts, S. 118
[60] Czerwenka, B. Erläuterung, § 559 Rn. 4

17

tatsächliche Gewalt über das Schiff für den Vercharterer ausübt, dessen nautischen und technischen Weisungen sie Folge zu leisten hat (Besitzdienerschaft im Sinne des § 855 BGB[61]). Der Zeitcharterer hat hingegen keine tatsächliche Einwirkungsmöglichkeit auf das Schiff.[62] Es ist davon auszugehen, dass sich die Formulierung „in einem zum vertragsgemäßen Gebrauch geeigneter Zustand" am allgemeinen Mietrecht orientiert (so etwa § 535 I 2 BGB). Die Regelung setzt daher an der Soll-Beschaffenheit des betreffenden Schiffes an, die durch den von den Vertragsparteien des Zeitchartervertrages gemeinsam vorausgesetzten Gebrauch konkretisiert wird.[63] Diesbezügliche Einzelheiten werden in aller Regel auch in der deutschen Rechtspraxis durch die Schiffsbeschreibung im Rahmen einer formularmäßigen Charterparty (NYPE 46, 93, 2015) festgelegt, sodass § 559 I HGB nur eine geringe praktische Bedeutung zukommt.[64] § 559 II beschreibt die Folgen der ausgebliebenen oder verspäteten Bereitstellung des Schiffes und weist signifikante Ähnlichkeiten zum relativen Fixgeschäft des § 323 II Nr. 2 BGB auf.[65] Der Charterer kann, wenn das Schiff nicht rechtzeitig oder aber nicht im vertragsgemäßen Zustand angedient wurde, zurücktreten. Dabei muss er keine Nachfristsetzung vornehmen und auch nicht den bei § 323 II Nr. 2 erforderlichen Nachweis, dass der Vertrag mit der rechtzeitigen Leistungserbringung stehen und fallen soll, erbringen.[66] Dadurch wird der Zeitcharterers insofern privilegiert, als dass er nicht unnötig Warten muss, wenn schon frühzeitig feststeht, dass der Vercharterer das Schiff nicht rechtzeitig oder nur in einem nicht vertragsgemäßen Zustand bereitstellen können wird. Neben der Ausübung des Rücktrittsrechts kann der Charterer gem. § 325 BGB zusätzlich Schadensersatzansprüche auf Grundlage der §§ 280 ff. BGB geltend machen, da über die Verweisungsnorm des § 567 bei Pflichtverletzungen das allgemeine Schuldrecht des BGB anzuwenden ist.[67]

H. Zusammenfassung

Der vertragsgemäße Zustand eines zeitvercharterten Schiffes im Zeitpunkt seiner Bereitstellung ist im internationalen Charterrecht ein entscheidendes Element im Rahmen der Bestimmung des Pflichtenprogramms des Vercharterers. Der Begriff als solcher ist hingegen wenig aussagekräftig und muss anhand seiner einzelnen

---

[61] Willner, S. 83
[62] RegE eines Gesetzes zur Reform des Seehandelsrechts, S. 118
[63] *Ramming*, RdTW 2013, 333 (334)
[64] Oetker HGB – *Paschke*, § 559 Rn. 1
[65] MüKoHGB – *Sager*, § 559 Rn. 8
[66] BGH, Urteil vom 17. Januar 1990 – VIII ZR 292/88 (BGHZ 110, 88 (96))
[67] MüKoHGB – *Sager*, § 559 Rn. 9

Komponenten, der Geeignetheit, Seetüchtigkeit und Bereitschaft, im Einzelfall konkretisiert werden. Große Relevanz besitzt die Thematik vor allem aufgrund der gravierenden Rechtsfolge, die an eine Pflichtverletzung bzgl. des Bereitstellens zur vereinbarten Zeit und in vertragsgemäßem Zustand geknüpft ist: Der Charterer kann in einem solchen Fall ohne weiteres vom Vertrag zurücktreten bzw. kündigen. Das deutsche Sachrecht der §§ 557 ff. HGB orientiert sich inhaltlich an den im int. Charterrecht geltenden Grundsätzen der Zeitcharter, hat jedoch aufgrund der weit verbreiteten Standardformulare nur eine geringe praktische Relevanz.

BEI GRIN MACHT SICH IHR WISSEN BEZAHLT

- Wir veröffentlichen Ihre Hausarbeit, Bachelor- und Masterarbeit

- Ihr eigenes eBook und Buch - weltweit in allen wichtigen Shops

- Verdienen Sie an jedem Verkauf

Jetzt bei www.GRIN.com hochladen und kostenlos publizieren